Me perdí en

Medellín

Por

Adriana Ramírez

Ilustrado por

Santiago Aguirre

Español 2

Twitter: @veganadri

YouTube Channel:

"Teaching Spanish with Comprehensible Input"

Website: adrianaramirez.ca

Copyright © 2019

Adriana Ramírez

ISBN: 978-1-7753969-7-0

Agradecimientos

Gracias a todos los que me ayudaron en el proceso de **creación** de este nuevo libro: a mi esposo que siempre me escucha y me da ideas brillantes cuando las mías se **han agotado**; a mi papá que siempre tiene tiempo para leer mis historias y para **darme** las **mejores** críticas **constructivas**; a mi estudiante Edison que cada mañana llegaba temprano a leer el libro para darme sus **valiosas** opiniones; a todas las personas con las que hablé para **reafirmar** mis ideas y **asegurarme** de que estaba **compartiendo valores** y experiencias que de **alguna manera** todos **hemos vivido**.

A todos **aquellos** que les gusta aprender sobre otras culturas, gracias. Cuando aprendemos **acerca** de cómo viven otras personas, **nos volvemos** más humanos, más respetuosos y más tolerantes. **Espero que** con este libro aprendan un poquito más de mi hermosa ciudad: MEDELLÍN.

Prólogo

Muchos libros culturales están enfocados en lugares turísticos famosos, esos que salen en las revistas, periódicos y canales de YouTube, y a los que todo el mundo va. Pero pocos son los que hablan de los valores culturales, de las costumbres y de la forma de ser de los habitantes del lugar. Y son estas formas de ser, estas costumbres y estos valores los que impactan a los que vienen de afuera. Son estos los que hacen que la gente quiera volver.

Medellín tiene lugares turísticos muy reconocidos, sin embargo, lo que más llama la atención de los visitantes no son estos lugares sino su gente. Este es el espíritu del libro, mostrar la calidad humana de los colombianos, y en este caso específico, de los habitantes de Medellín: los paisas.

Índice

Advertencia

Lo más recomendable cuando una persona se pierde en una ciudad desconocida es acudir a las autoridades competentes. Cuando se viaja, es importante tener cuidado y ser precavido. Este libro no pretende promover el perderse en una ciudad (Medellín o cualquier otra), y buscar ayuda de los habitantes de esta. Esto puede poner a la persona en una situación riesgosa.

Capítulo 1

¿Dónde estoy?

—Perdón señor. Siento **molestarlo**, pero ¿dónde estoy? —le dijo Andrew al hombre que estaba caminando a su lado. **Parecía** un hombre amable y él necesitaba ayuda.

—**Tranquilo** hombre que no es **molestia**. Está en el centro de Medellín. ¿Qué necesita? —le contestó el hombre **mientras** paraba y miraba a Andrew de frente.

—Estoy **perdido**. No soy de aquí. Soy un turista —bueno, esto era obvio inmediatamente abría su boca y hablaba pues su acento lo **delataba**. Además tenía **bermudas**, y sandalias con **medias**, y ningún habitante de la ciudad **llevaba** ni bermudas ni sandalias con medias. Toda la gente en la ciudad se vestía muy bien. **A pesar** del calor, todos llevaban o pantalones o jeans.

Adriana Ramírez

Me perdí en Medellín

—¿Y dónde está su hotel? —le preguntó el hombre con amabilidad.

—Estoy en un hotel en el Poblado. Se llama Hotel Alejandría. ¿Cómo voy al hotel sin que cueste mucho dinero? No tengo mucho dinero conmigo. Todo el dinero lo tengo en el hotel.

—Tiene que irse en bus. El bus es barato.

—¿Me puede decir qué bus **tomo**? —Andrew tenía **esperanza** de llegar a su hotel con el poco dinero que tenía.

—Mire, tiene que caminar hasta la Avenida Oriental, allí coge el bus 135, luego **se baja** en el centro comercial San Diego, allí tiene que cambiar de bus. Tiene que coger el bus 230 que va **hacia** la Avenida del Poblado. Se baja en el centro comercial Oviedo, y allí coge el bus que lo lleva a su hotel, es el número 300 que **sube** por la **loma** Alejandría. Allí está su hotel —dijo el hombre mientras le hablaba despacio y movía sus manos.

Adriana Ramírez

—Suena complicado. No puedo hacerlo. No sé mucho español —le contestó Andrew con **tristeza** en su **cara**. No sabía qué hacer. Él sabía algo de español, **había estado** en clases en el colegio, pero **de ahí** a coger un bus solo, no podía. Era muy difícil y **le daba miedo perderse**.

—Si quiere **yo lo llevo** hasta su hotel. Yo voy para el Poblado, pero primero tengo que **hacer unas vueltas**. Si va conmigo a hacer las vueltas (no son muchas), lo llevo hasta su hotel. Mis padres viven cerca y voy a visitarlos.

—¿De verdad? ¿**Usted** me puede **llevar**? — Andrew **no lo podía creer**. ¡Qué hombre tan amable! **Le acababa** de ofrecer que lo llevaba a su hotel.

—¡Claro que sí! No hay problema. **Venga** conmigo. El carro está cerca. Vamos —le dijo el hombre **mientras empezaba** a caminar y le **mostraba** a Andrew con la mano hacia dónde iban.

Andrew estaba un poco **preocupado**. El hombre **se veía** simpático, y quería ayudarlo, pero, y ¿si era un **ladrón**?, y ¿si le hacía algo? No sabía qué hacer. No tenía **suficiente** dinero para irse en taxi, e irse en bus estaba complicado. Pero en la situación en la que estaba no tenía otra opción. Tenía que **confiar** en el hombre que **acababa de conocer**.

Salió del hotel, a las nueve de la mañana, sin mucho dinero porque iba con sus amigos, y todos tenían el transporte **pago**. Era parte de la excursión que compraron antes de llegar a Colombia. Iban todos en metro al parque Explora, pero Andrew se **confundió** de estación y se bajó del metro antes. Cuando miró **atrás**, a ver si sus amigos estaban detrás de él, vio que ellos estaban en los **vagones** del metro, hablando **animadamente** con unas chicas que acababan de conocer. Ninguno vio que Andrew se bajó del metro antes de tiempo. Las puertas del tren se cerraron y él no se pudo **montar** otra vez. Además, si se montaba en el siguiente tren, ¿en qué estación se bajaba? No estaba seguro.

Adriana Ramírez

Andrew **sacó** su **billetera** y contó la plata que tenía. Sólo tenía $5000 pesos. Eso no era mucho. No tenía su **tarjeta de crédito** porque **tenía miedo** que le robaran, y como iba con sus amigos, y todo estaba pago por anticipado, pensó que no necesitaba más dinero.

Decidió salir de la estación de metro y caminar un poco. Decidió explorar el lugar. Él no sabía dónde estaba exactamente. Sólo sabía que estaba lejos de su hotel. Después de caminar por una hora, después de beberse toda el agua de su termo, y después de comerse su barra de granola, vio que necesitaba ayuda. Era hora de practicar su español. No sabía mucho español, pero **esperaba** saber suficiente **para poder regresar** al hotel.

Adriana Ramírez

Capítulo 2

Regálame un tinto

—Bueno, ¿y cómo te llamas? —le preguntó el hombre.

—Me llamo Andrew. Y usted, ¿cómo se llama?

—¡No! ¿Te llamas Andrew? Yo me llamo Andrés, ¡qué coincidencia!

Andrew **se preocupó**. Esto de coincidencia no tenía nada. Era imposible que el hombre se llamara Andrés. Estaba jugando con él.

Andrew no sabía qué decir y no quería hablar, pero Andrés **seguía** haciéndole **preguntas**.

—¿Y cuándo llegaste a Medellín? —le dijo Andrés mientras miraba a lado y lado antes de **pasar** la calle.

—Llegamos ayer por la mañana —era difícil hablar en español y caminar al mismo tiempo. Él **había aprendido** español **sentado** en una clase, no caminando. Era muy difícil para su **cuerpo** hacer las dos cosas al mismo tiempo. Además, Andrés caminaba muy rápido.

—¿Llegamos? ¿Con quién estás? —le preguntó Andrés.

Este hombre estaba haciendo muchas preguntas personales, pensó Andrew. ¿No **sería mejor** caminar **hasta** el hotel? Pero no tenía servicio de teléfono ni plan de datos, **así que** no podía acceder a los mapas de Google.

—Estoy con unos amigos. Estaba con ellos en el metro, pero yo **me bajé** antes, y si **vuelvo** al metro, no sé en qué estación me tengo que bajar. Íbamos para un parque.

—Ahh… No te preocupes que yo te llevo al hotel. ¿Quieres un café? —le dijo Andrés, y sin

esperar a que él le contestara entró a una **tienda**, dónde **parecía** que lo conocían, y pidió algo—. Hola Jimenita, ¡qué más **pues**! **Regálanos** dos **tinticos** por favor.

Andrew se sentó al lado de su nuevo amigo, en una mesa pequeña que estaba al lado de la pared. Todo esto estaba muy raro. Este Andrés **definitivamente** no era un hombre normal. Primero, ¿por qué le dijo a la señora de la tienda que le **regalara** dos tinticos? ¿Es qué no tenía dinero para pagarle? Y, ¿Por qué la señora no dijo que no? ¿Es normal pedir tinticos **regalados** en Medellín? Segundo, ¿qué era tintico? Andrés le acababa de decir que si quería café, no tinto. En su clase de español él **había aprendido** que tinto era **vino** rojo. Si uno pide un tinto en España le dan una **copa** de vino rojo. Él no quería beber vino a esta hora de la mañana. Era muy temprano para beber vino.

—Perdón Andrés. Yo no quiero tinto, gracias. Pensé que íbamos a **tomar** café —le dijo Andrew confundido.

—Y eso es lo que vamos a tomar, café —le contestó Andrés confundido. Este turista ¿quería o no quería tinto?

En ese momento Jimena, o Jimenita como le decía Andrés (**lo cuál** era raro porque *–ito* e *–ita* en español hace que algo **sea** pequeño, y él le estaba diciendo Jimenita a una señora que tenía, al menos, cincuenta años), les **puso** en la mesa dos **tazas** pequeñas de café.

—¿Esto es un tinto? —le dijo Andrew **sorprendido** mientras cogía la taza de café y la **olía** con sospecha.

—¡Sí, hombre! ¿Qué pensabas que íbamos a tomar?

—En mi clase de español aprendí que tinto es vino rojo —le contestó confundido.

Adriana Ramírez

—Pues aquí no lo es. Aquí un tinto es un café pequeño, que no es expreso. Tomamos tinto todo el día —le contestó Andrés mientras bebía un poco de su pequeña taza.

Andrew también bebió un poco de su taza. ¡Qué café tan delicioso! O qué tinto, para usar la palabra nueva que **acababa de** aprender. No sabía a **quemado**, como el café de su país. Sabía….. perfecto.

—¿Te gustó el tinto? —le preguntó Andrés mientras se levantaba a **pagarle** a Jimenita.

—Sí, muy bueno. **Oye** Andrés, pero ¿por qué le estás pagando si cuando pediste los tinticos le dijiste que te los regalara? Y ¡ella no dijo que no!

—Ay, Andrew **parcero**, te voy a tener que dar unas clases de cultura **paisa**. Primero, el español es flexible. Lo que aprendiste en tus clases no es necesariamente lo que se aplica en todos los lugares. El español tienes que vivirlo en cada país y en cada ciudad. Aquí, cuando **pedimos algo** para comer o para beber, normalmente (no siempre) decimos *me regalas*....*por favor,* o también decimos *me das*.....*por favor*. Decir por favor es muy importante. Y cuando decimos *me regalas* no pretendemos que literalmente nos regalen lo que estamos pidiendo, **sino que** es una forma de pedir algo.

—Ahh, bueno. Gracias por la explicación. Puedo decir que hoy ya aprendí un par de cosas importantes —le contestó Andrew **mientras** escribía las nuevas expresiones en su **cuaderno** de español.

—Y las que te **faltan** por aprender…

Me perdí en Medellín

Capítulo 3

Los besos

—Antes de ir por el carro tengo que parar a hacer otra **vuelta** —le dijo Andrés mientras se **despedía** de Jimenita y le daba las gracias por el tinto.

—¿A dónde vamos ahora? —dijo Andrew **levantándose** de la silla.

—Tengo que ir a dónde el **sastre** para que me **arregle** unos pantalones —le explicó **mostrándole** la **bolsa** que tenía con ropa.

—¿Está lejos? —Andrew le **sonrió** a Jimenita y le dio las gracias mientras salía detrás de su nuevo amigo.

—No, está cerca, **justo** antes de llegar por el carro.

Andrew caminaba al lado de Andrés y, mientras hablaba con él, miraba las **vitrinas** de los

almacenes. Todo era diferente a su ciudad. Había mucha gente, muchos vendedores en la calle y muchos carros. **De repente**, dos mujeres muy guapas se les **acercaron.**

—Hola Andrés ¿Cómo estás? —le dijo una de ellas al mismo tiempo que le daba un beso en la **mejilla**, y luego la otra hizo lo mismo.

—Bien, bien. ¡Qué bueno **verlas**! **Miren** chicas **les presento** a Andrew, un amigo.

—Hola Andrew, soy Natalia —le dijo la chica al **mismo** tiempo que se le **acercaba** y **le daba** un beso en la **mejilla**.

—Hola Andrew, me llamo Catalina —le dijo la otra chica dándole también un beso.

Andrew no tuvo tiempo de reaccionar. **A pesar de que** él había extendido su mano para saludarlas, ellas ignoraron este gesto, dándole un beso en la mejilla. —Pero qué pasa… —pensó

Andrew confundido. Si **apenas** conocía a estas chicas y ya lo estaban besando.

Adriana Ramírez

—Estás **tenso** Andrew, ¿qué pasa? —le dijo Natalia mientras le tocaba el **brazo**.

—Nada…. —contestó Andrew nervioso. Esta experiencia era nueva para él y no sabía cómo reaccionar. Además, **sentía** la **cara** caliente y estaba **seguro** que la tenía roja como un tomate.

—¿De dónde eres? Se ve que no eres de **aquí**, ¿estás de vacaciones? —le dijo Catalina mientras le ponía una mano en su **brazo**.

Andrew miró la mano de la chica en su brazo y luego miró a la chica. Era tan guapa que no podía hablar. Sólo podía mirarla. De repente Natalia le **pasó** su mano por debajo de su otro brazo y **lo cogió de gancho**.

—Mira Andrew, aquí no te va a pasar nada. Tienes que **relajarte**. Estas con Andrés, **nuestro** primo. Él es un buen amigo. ¿Por qué estás tan nervioso?

Adriana Ramírez

Las palabras no salían de la boca de Andrew. Tenía dos chicas muy guapas, que le **acababan de** dar un beso en la mejilla y cada una lo tenía **cogido** de un brazo. ¿Quién puede hablar así? Estaba **paralizado** y **mudo**. ¡Qué horror! ¿Qué iban a pensar estas chicas de él? ¿Que era un estúpido?

—Bueno Andrés, qué bueno verte otra vez. Saludos a la tía Amparo, le dices que este fin de semana **tratamos** de ir a **hacerle la visita** con mi mamá —Le dijo Natalia a Andrés mientras le daba otro beso en la mejilla—, y qué bueno **conocerte** Andrew, qué **disfrutes** de la ciudad. Es **hermosa** —le dijo Natalia a él mientras se le acercaba nuevamente y le daba, otra vez, un beso en la mejilla. Andrew no había terminado de **recuperarse** del beso de Natalia, cuando Catalina estaba haciendo lo mismo.

—Chao chicos —les dijo Catalina mientras entraba con Natalia a un almacén.

—¿Qué pasó Andrew? —le dijo Andrés **preocupado**—. Hace unos minutos estabas **tranquilo**, **relajado**, normal y, **de repente**, no podías hablar, **te pusiste** rojo como un tomate y estabas como **estresado**. ¿Estás bien? ¿Tienes calor? ¿Qué quieres?

—Pero ¿cómo quieres que esté bien después de lo que pasó Andrés? —dijo Andrew mirándolo **sorprendido** y con los ojos muy abiertos.

—¿Qué pasó? ¿Te **robaron**? —le contestó Andrés confundido.

—**Pues** que esas dos mujeres que **acabo de** conocer, Natalia y Catalina, ¡se me **acercaron demasiado** a darme besos! ¡Nunca me había pasado eso! No sabía qué decirles. Me **paralicé**. ¿Piensas que **les debí de haber pedido** su número de teléfono?

Andrés abrió los ojos y **empezó a reírse**. **Se rio tanto** que **creía** que se iba a **morir** de la **risa**.

Adriana Ramírez

Andrew lo miraba. ¿Qué le pasaba a su nuevo amigo? ¿Había él dicho algo cómico?

Después de cinco minutos de **reírse**, y mientras **se secaba** las **lágrimas**, Andrés **le pegó** a Andrew una **palmada** en el **hombro** y le dijo —**Parcero** me vas a **matar** de la **risa**..... Esas dos mujeres que acabas de conocer son mis primas, ¿no escuchaste la conversación?

—No entendí porque hablan muy rápido, y mueven las manos **mientras** hablan, y las manos están **llenas** de **pulseras**, y los **dedos** de **anillos**, y las **uñas** están **pintadas**, y son muy perfectas, y es imposible **poner atención** a lo que dicen. O las miras o pones atención a lo que dicen.

—¿Y quién pensaste que eran?

—No sé, claramente unas amigas **tuyas**, pero pensé que estaban muy interesadas en mí por la **forma** como me **saludaron**. Se me acercaron mucho.

—¡No se te acercaron mucho, Andrew! Se acercaron para darte un beso.

—**Precisamente, apenas me conocen,** ¿Por qué me van a dar un beso? Estoy **seguro** que **les gusté**.

—No parcero, no les gustaste. No eres su **tipo. Créeme.**

—Bueno, y ¿qué me dices de que me cogieron el brazo? Uno no va **cogiéndole** el brazo a **alguien** que apenas conoce. Si **sumas** uno más uno, ves que te digo la verdad. Les gusté a las dos. Estaban locas por mí.

Andrés comenzó a **reírse** otra vez. La gente que pasaba los miraba sorprendidos. Era una escena confusa. Un turista rubio que miraba confundido a una persona que **se moría de la risa**.

—Andrew, aquí entre hombres y mujeres (no hombre con hombre), nos saludamos de beso. Nos damos un beso en la **mejilla**; y entre hombre y hombre, nos saludamos de mano y **nos damos** un **abrazo** con unas **palmaditas** en la **espalda**. Suena raro, yo sé, pero **ya verás**.

—Sí, entiendo. Está bien entre amigos, pero ellas no me conocen —**parecía que** Andrés no veía su punto. Esas chicas estaban locas por él y Andrés no lo veía.

—Pero estás conmigo, y si estás conmigo y eres mi amigo, eres **automáticamente** amigo de ellas. Así que **recibes** el mismo **trato** de **cercanía**. Ellas sólo querían ser **amables**.

—¿Y el **brazo**? —insistió Andrew.

—Parcero mío, ¿qué pasa con el brazo?

—Las dos me cogieron del brazo, eso es muy personal —en su **país** una chica nunca saludaba de beso a un **desconocido** y mucho menos le cogía el brazo. Esto era algo muy personal, sólo para las personas cercanas, como la familia y los amigos.

—No es personal. Somos una cultura de contacto. Nos besamos, nos abrazamos, **demostramos** la **cercanía** con el otro **cogiéndonos** del brazo, **dándonos** un beso, **abrazándonos**. No significa nada más que **amistad**. Es la forma de expresarnos. Si esto te **escandaliza** espera a que conozcas a mi abuelita....

—¿Y por qué voy a conocer a tu abuelita? —le preguntó mientras lo miraba sorprendido.

—Porque tenemos que ir a **llevarle** unas cosas que le **mandó** mi mamá. Esa es una de las vueltas que tengo que hacer antes de ir al Poblado.

—¿Dónde vive tu abuela?

—No te **preocupes** que **vive de camino**.

Adriana Ramírez

Capítulo 4

La feria de artesanías (el regateo)

La visita al **sastre** no fue muy larga. Andrés simplemente se puso unos pantalones que necesitaba que el sastre le **arreglara**. El sastre **tomó unas medidas**, y **listo**. Le dijo que **volviera** en dos días a **recogerlos**.

—¿Ahora sí vamos por el carro? —dijo Andrew con **voz** de **esperanza mientras** salían de la sastrería.

—Sí, ya sí. Está **a la vuelta de la esquina** —le contestó Andrés mientras le **mostraba** con su mano **derecha** la esquina en la que tenían que **voltear**.

—¿Qué **iglesia** es esa? ¿Es importante? —le dijo Andrew **señalándole** una iglesia grande, **hecha** en **ladrillo,** que se veía por **entre** los **edificios**.

—Sí, claro que es importante. Es la iglesia más importante de la ciudad. Se llama la iglesia o catedral Metropolitana. **Ya que** estamos aquí cerca **deberíamos** de ir. ¿Vamos? —le dijo Andrés mientras lo halaba del brazo sin **esperar** a que le respondiera.

Ellos caminaron un par de **cuadras** hasta que llegaron **casi** al frente de la iglesia, que estaba en uno de los lados de un parque (o plaza). En este había demasiada gente.

—¿Por qué hay **tanta** gente? ¿Es normal? —dijo Andrew mientras miraba a su alrededor.

—¡No me **acordaba** que hoy es el primer sábado del mes y es la **feria** de San Alejo! Te va a encantar.

—¿Qué es la feria de San Alejo?

—Es la feria de **artesanías** más **antigua** de la ciudad. Está **desde** 1972 y siempre se hace en este parque, el Parque Bolívar.

—¿Qué venden? —preguntó Andrew sorprendido con la **cantidad** de gente y **toldos** que había.

—¡Qué no venden! Venden de todo, y ¿sabes qué? qué bueno que estamos **acá** porque tengo que comprar unos **regalitos** para mis **sobrinas**. A ellas les encantan las artesanías, las **pulseras** y los **collares hechos a mano**. ¡Qué **suerte**! ¡Llegamos al lugar perfecto!

—Tienes razón, venden de todo... —dijo Andrew mientras miraba alrededor y observaba las diferentes cosas que vendían—. Venden cosas nuevas y usadas, hechas a mano y de producción masiva, raras y normales, especiales y únicas. Quiero comprar **algunos regalos** también, ¡pero no tengo dinero! Sólo tengo $5000 pesos y **seguro** eso no me **alcanza** para nada.

—No te **preocupes** parcero que **para eso** están los amigos. Yo **te presto** dinero. ¿Cuánto quieres? —le dijo Andrés mientras **sacaba** su **billetera** de su **bolsillo** y la abría.

—¡No, no puedo aceptar tu dinero! Ya me invitaste a un tintico y me vas a **llevar** al hotel, no puedo **recibir** tu dinero.

—Es que no te lo voy a regalar, te lo voy a **prestar**. Cuando lleguemos al hotel, me **pagas** y listo. No hay problema.

—Bueno, voy a ver qué quiero comprar y te digo. Gracias.

—¿Quieres comprar algo especial para alguien?

—Me gustaría comprar algo para mi mamá y algo para mi hermana.

—Perfecto, vamos. Yo sé qué les puede gustar.

Andrés y Andrew caminaron por entre los **toldos** por varios minutos. Había muchos toldos y había mucha gente. Todo lo que vendían era especial, diferente, mágico. También había comida y música. Mientras Andrés compraba los regalos para sus **sobrinas**, Andrew paró en un toldo que tenía unos anillos muy raros y lindos. Eran unos **anillos** de **tagua** (eso le dijo la señora que los vendía). La tagua es una **semilla** muy **resistente** que se usa para hacer **joyería artesanal**.

—¿Cuánto cuesta este anillo? —le preguntó Andrew a la señora del toldo, **señalándole** un anillo rojo.

—Cuesta $60.000 pesos.

—Ah, ¡qué lindo! Me gusta mucho. ¿Me da estos dos por favor? —le dijo Andrew a la señora mientras le **señalaba** dos anillos de tagua, uno rojo y otro negro, que quería comprar para llevarle a su mamá y a su hermana. En ese momento llegó Andrés.

—¿Necesitas el dinero ya?

—Sí

—¿Cuánto?

—Necesito $120.000 pesos.

—Y ¿qué vas a comprar?

—Estos dos anillos.

—Y ¿ya **pediste rebaja**?

—¿Rebaja? —dijo Andrew **confundido**. Esa palabra era nueva para él. En su clase de español no había aprendido la palabra rebaja. ¿Qué **sería**?

—Rebaja —le dijo Andrés mirándolo a los ojos.

—No... —no podía pedir algo que no sabía qué era.

—¿No?

—No... —ya estaba confundido. ¿Qué era lo que tenía que pedir?—. ¿Qué es rebaja Andrés? —le preguntó a su amigo en **voz baja** mientras **le daba la espalda** a la señora del toldo.

—**Significa** descuento —le dijo Andrés **entre dientes** mientras **se volteaba** y le hablaba a la señora—. **Buenas**.... **Aquí** mi amigo me dice que va a comprar estos dos anillos. ¿Cuánto cuesta un anillo?

—Cuesta $60.000 pesos señor.

—Y si compro dos ¿en cuánto me los deja?

—En $120.000 —le contestó la señora.

—Viste... no se puede pedir descuento o rebaja.... —le dijo Andrew a Andrés en **voz baja**.

—Bueno, gracias señora. Vamos a pensarlo y si nos decidimos volvemos más tarde —le dijo Andrés mientras cogía a Andrew del brazo y se alejaba del toldo. **De repente** la señora les gritó.

—Señor, señor... **le dejo** los dos anillos por $100.000 pesos.

Andrés **se volteó** despacio y miró a Andrew con una **sonrisa** en los ojos.

—¿$100.000 por los dos? ¿Y **me encima** estos **aretes**? —le dijo Andrés mientras se acercaba nuevamente al toldo y le señalaba unos aretes de tagua perfectos para el anillo rojo.

—Señor, pero los aretes cuestan $40.000 pesos.

—Sí, pero yo le estoy comprando dos anillos.

—**Le encimo** esta **pulsera**. También es de tagua. Los dos anillos y la pulsera por $100.000 ¿**trato**?

—Trato. Aquí está su dinero —le dijo Andrés mientras sacaba los $100.000 pesos de su billetera y se los daba a la señora.

—Aquí están sus cosas, y gracias por su **compra**.

—Gracias a usted. Qué tenga un buen día.

Adriana Ramírez

Me perdí en Medellín

Andrés le pagó a la señora, cogió las cosas que compraron, se las dio a Andrew y empezó a caminar nuevamente. Andrew lo miró con la boca abierta. Su nuevo amigo sabía **regatear** como un profesional, sabía pedir rebaja como un experto. Su nuevo amigo era su ídolo.

—¿Dónde aprendiste a regatear así? ¿En la universidad?

—Ay parcero, eso **se lleva** en la **sangre.** ¿Cómo ibas a pagar sin pedir nada de encima?

—¿Qué es encima?

—En un regateo, significa que te den algo extra por la compra que estás haciendo. Aquí se le dice la encima o la encimita, y puede ser desde un aguacate (si estás comprando comida), hasta una pulsera. No se hace en los supermercados, ni en los centros comerciales. **Ojo, te advierto** para que no **vayas** a **hacer el oso.** Se hace en los mercados, en las ferias y en la calle.

Adriana Ramírez

—Ah... entiendo. ¿Por qué me dices ojo y qué es hacer el oso? —su nuevo amigo usaba expresiones que nunca había escuchado y no entendía.

—**Ojo** quiere decir que pongas atención a algo. Y **hacer el oso** quiere decir **hacer el ridículo**.

—Entiendo, gracias por la explicación. ¿A dónde vamos ahora?

—Ahora sí vamos por el carro.

Capítulo 5

La abuelita

Andrés y Andrew finalmente llegaron a dónde estaba el carro, **pagaron** el **parqueadero** y salieron hacia la casa de la abuelita.

—¿Con quién vive tu abuela? ¿Con tu abuelo? —le preguntó Andrew.

—No, mi abuelo se murió hace años. Cuando mi abuelo se murió, mi abuelita **quedó** muy **sola** y triste. Fue muy **duro** para ella.

—¿Y qué pasó?

—Al poco tiempo mi tía Cecilia se divorció de su esposo, y **quedó sola** y con dos hijos. No era fácil para ella trabajar y cuidar a los niños, **recogerlos** en el colegio, **ayudarles** a hacer las tareas. Mi tía es médica y sus horas de trabajo son **irregulares** y largas. Hay días que trabaja doce horas, hay días que trabaja por las noche y, también, hay veces que tiene que trabajar los fines de semana. Entonces, mi abuelita y ella decidieron irse a vivir juntas y así se ayudaban **mutuamente**.

—¿Y **cuánto llevan** viviendo juntas?

—Diez años.

—¿Y tus primos **todavía** viven con ellas?

—Uno de ellos **acaba de terminar** la universidad y se fue a estudiar una maestría a España, y el otro sí vive con ellas porque todavía está en la universidad.

—¿Por qué vive con ellas si está en la universidad? —le preguntó Andrew sorprendido.

—¿Y por qué no? ¿Qué tiene de **malo**? —lo miró Andrés confundido con la pregunta.

—Cuando una persona va a la universidad lo normal es que no viva en su casa sino que viva independientemente.

—**De pronto** es lo normal en tu cultura. Pero **aquí** lo normal es que vivamos en nuestras casas, con nuestros padres, hasta que **nos casemos**, y esto **incluye** ir a la universidad y trabajar por varios años después.

—¿Sí? —dijo Andrew sorprendido.

—Sí. Es normal.

—¿Y pagan renta?

—¿Pagar renta? ¿A quién? —Andrés estaba realmente confundido con las preguntas de su amigo.

—Pues a los papás.

—¡Qué cosas dices! ¿Cómo le vamos a pagar renta a nuestros padres, si esa es nuestra casa? Nuestros padres nunca nos **cobrarían** renta, ni nos **pedirían** dinero por vivir con ellos. Eso **acá** es **raro**. **Claro** que si están pasando por una situación económica difícil les ayudamos, de lo contrario es nuestra casa para siempre.

—¿Tú vives con tus papás?

—Hasta hace poco vivía con ellos. Me **mudé** hace dos meses porque voy a casarme en un mes y estoy organizando mi nuevo apartamento, comprando los muebles y **pintándolo**. Pero voy a la casa de mis papás prácticamente todos los días a almorzar, o a comer. **Me hacen falta** los viejos, además que mi mamá hace una comida deliciosa.

—¿Vas a **casarte** en un mes?

—Sí —le contestó Andrés con una gran sonrisa.

—¡Felicitaciones!

—Gracias.

—¿Y tú futura esposa qué hace? ¿Dónde está?

—Llega en una semana de París. Está terminando su doctorado allá. **Por eso** quiero que cuando ella llegue, todo esté listo y organizado para nuestro matrimonio. Ella no tiene tiempo de pensar en organizar el apartamento, yo sí.

—¡Wow! Eres un buen hombre.

—Ya llegamos —le dijo Andrés mientras **parqueaba** el carro debajo de un árbol grande, para que este no se **calentara** con el sol **tan fuerte** que estaba haciendo—. Ya no más preguntas para mí. Ya es tu turno. Prepárate que **seguramente** mi abuelita te va a **entrevistar.**

Andrés y Andrew **se subieron** al **ascensor.** Andrés **marcó** el piso doce. El apartamento de la abuelita era el **último** del **edificio** y tenía una **vista** muy linda de la ciudad.

La abuelita ya los estaba esperando con la puerta abierta y **una sonrisa de oreja a oreja.**

—Muchachos que bueno verlos. **Pasen pues,** **siéntense.**

Adriana Ramírez

—Hola abuelita —le dijo Andrés mientras la saludaba de beso y la abrazaba.

—Hola **mijo**. Qué **alegría** verlo. ¿Qué lo trae por aquí?

—Abuelita, mi mamá **le mandó** estas cosas. No sé qué es. Mire, aquí está todo.

—Gracias mijo. ¿Y quién es este muchacho tan guapo que está con usted? A este no lo **conozco**.

—Yo lo **acabo de conocer** también abuelita. Bueno, hace un par de horas, pero es como si nos conociéramos de toda la vida. Está de vacaciones, pero no sé de dónde es. No le **he preguntado** —dijo Andrés mientras lo miraba con **cara** de **culpa**—. ¿De dónde eres?

—Soy de Canadá, de Vancouver.

—Mijito bienvenido a Colombia. ¿Y qué lo trae por acá? ¿Con quién vino?

—Muchas gracias señora. Vine con unos amigos de vacaciones. Siempre **había querido** venir a Colombia. Es un país muy bonito.

—Es verdad —dijo la abuelita mientras caminaba hacia la cocina y desaparecía detrás de la puerta.

Después de un par de minutos, la abuelita **volvió** con una **bandeja** que tenía tres **vasos** de jugo (el jugo era rosado y **espeso**), y un plato con galletas.

—Juguito de **guayaba** y galletas de mantequilla **recién hechas** —les dijo la abuelita mientras les ponía un vaso de jugo en frente de cada uno.

—No señora, muchas gracias —le dijo Andrew. Él no quería tomar un jugo **hecho** con agua que seguramente no era **potable**.

—No me puede **dejar** el juguito mijo. **Tómeselo** que es de guayaba y de eso no se ve por allá. Me las trajo una amiga de la **finca**, son orgánicas.

Andrés cogió el jugo sin pensarlo y se lo tomó **de una**, y luego empezó a comerse las galletas mientras le contaba a su abuelita sobre los planes de su **matrimonio**. La abuelita se sentó al lado de Andrew, muy cerca. Con una mano lo **agarró** del brazo, a **nivel** del **codo**, y con la otra mano tenía el plato de galletas, cerca de Andrew, para que él **pudiera** cogerlas fácilmente. También, con la mano que tenía en su brazo, le daba **palmaditas** en el **hombro** y lo **animaba** a que se tomara el jugo y se comiera las galletas. Andrew se dio cuenta que no tenía otra opción. De esa casa no podía salir sin antes **haberse terminado** todo el jugo y **haberse comido**, al menos, una galleta.

Andrew cogió el vaso de jugo y lo miró. El jugo era espeso y rosado. Él nunca **había probado** un jugo rosado y espeso. Andrew miró a Andrés y Andrés se rio. Sabía que su nuevo amigo estaba

pasando por una experiencia nueva y especial: ser **forzado**, con amor, por una abuelita, a tomarse un jugo de guayaba y a comerse unas galletas. Nadie podía decirle no a la abuelita Ema. Nadie. Y menos cuando se le sentaba al lado a uno, lo cogía del brazo, y le daba palmaditas en el hombro.

Andrew cerró los ojos y se bebió el jugo rápidamente. Estaba **dulce**, muy dulce, y espeso, muy espeso. Cuando lo terminó, abrió los ojos y los miró. La abuelita lo estaba mirando, **esperando** su reacción hacia el jugo.

—¡Qué jugo tan bueno! Muchas gracias —Andrew no **supo** qué más decir. La verdad no sabía si le había gustado el jugo o no. Era muy dulce y muy espeso. No era un jugo normal.

—**Verdad que sí** mijito. Ya le **traigo** más —y **en un abrir y cerrar de ojos** ya **había llegado** la abuelita con una **jarra** llena de jugo, y ya le había llenado el vaso con jugo a Andrew otra vez.

Adriana Ramírez

Andrew abrió los ojos.

Me perdí en Medellín

Capítulo 6

La casa de los papás

Finalmente, después de Andrew tomarse tres vasos de jugo de guayaba, y de comerse cuatro galletas de mantequilla, Andrés decidió que era hora de irse.

—¿Por qué nos **demoramos tanto**? —le preguntó Andrew mientras **se montaban** al carro.

—Porque quería ver cuántos vasos de jugo de guayaba te tomabas. Cuando te **terminaste** el tercero pensé que ya era **suficiente**. Un vaso más y explotas —le dijo Andrés **riéndose**.

—¡Es que es imposible decirle no a tu abuelita! —exclamó Andrew.

—Es imposible decirle no a **cualquier** abuelita. Ellas tienen el poder de controlar tu alma…. Con sólo mirarnos y cogernos del brazo, logran que

hagamos lo que ellas quieran. Las abuelitas tienen mucho **poder**.

—Eso veo. Estoy muy **lleno** y tengo muchas ganas de ir al baño.

—¡Es obvio! Con todos esos vasos de jugo que te tomaste…. ¿Por qué no fuiste al baño donde mi abuela?

—Porque tenía miedo que después de salir del baño me **diera** otro vaso de jugo y yo no podía decirle que no. Cuando tú dijiste que nos íbamos, yo **me paré** y salí corriendo.

—Bueno, ya vamos a llegar a donde mis papás. Allá entras al baño.

—¿Por qué vamos a donde tus papás si tu no vives allá?

—Vamos a almorzar.

—¿Vamos a almorzar? ¿Yo voy a almorzar a donde tus papás? ¿Por qué?

—Y ¿por qué no?

—Porque **nos acabamos de conocer** y ya me estás invitando a tu casa. Eso no es normal. Eres **demasiado** amable. Además me **prestaste** dinero y me vas a dar comida gratis. No puedo aceptar tantas cosas.

—Pero si no es nada. Es normal. **Así** somos todos aquí. Ya eres mi amigo y uno invita a los amigos a comer a la casa. Bueno, no te voy a invitar a mi apartamento porque **todavía** no lo tengo **listo** al cien por ciento, pero la casa de mis papás es mi casa también.

—¿Y tu mamá sabe que yo voy? —le preguntó Andrew.

—Sí, claro. Ya le **avisé** que iba con un amigo a almorzar.

—¿Y qué dijo?

—Que no había ningún problema.

—¿Por qué son tan amables acá?

—Así somos.

Me perdí en Medellín

Cuando llegaron a la casa de los padres de Andrés, ellos **recibieron** y **saludaron** a Andrew como si lo conocieran de toda la vida. La mamá lo **abrazó** y le dio un beso. El papá lo saludó de mano, y luego lo abrazó y le dio una **palmadita** en la **espalda** (como había dicho Andrés que se saludaban los hombres). Luego la mamá les dijo que se sentaran en la **sala** mientras servían el almuerzo, y cuando la mesa estuvo lista, los llamó.

—Muchachos ya pueden pasar. La comida está servida —dijo la mamá desde el comedor.

—Muchas gracias señora —dijo Andrew mientras se sentaba y miraba, con los ojos completamente abiertos, el gran plato de comida que tenía en frente.

—**Espero que** tengas hambre Andrew porque hoy vas a comer **bandeja paisa**. Es el plato **típico** de acá, de esta región. Cuando Andrés nos dijo que venía con un amigo **extranjero**, decidimos preparar una comida típica.

—Muchas gracias señora. Es usted muy amable.

—Con mucho gusto. **Disfruta**.

Andrew no sabía cómo iba a **disfrutar** de **tanta** comida. El plato era gigante. Con esa **cantidad** de comida él podría comer todo un día, e **incluso** hasta dos días. Había de todo: arroz, carne, huevo, **plátano maduro**, **aguacate**, **frijoles**, y una tortilla de **maíz** blanco, que en Colombia se llama **arepa**. Es más gruesa que la tortilla mexicana, **aunque** también es de **maíz**.

Finalmente, Andrew logró terminarse toda la bandeja paisa, se comió hasta el **último** arroz. Estaba muy lleno pero estaba feliz también. La comida era realmente exquisita.

—**Mijitos**, porque no se van para la sala y yo **les llevo allá** el tinto.

—Gracias señora. Me gustaría mucho un tinto en este momento —le dijo Andrew mientras se ponía las manos en su **estómago**. Realmente estaba lleno.

Adriana Ramírez

—Gracias mamá —le dijo Andrés a su mamá mientras miraba a Andrew y le **señalaba** el sofá con la mano—. Siéntate ahí y **espérame** que voy al baño. **No me demoro**.

Andrew se sentó en el sofá a **esperar** a su amigo y el tintico que le **habían prometido**….

—**Parcero**, parcero….

Andrew no entendía que pasaba. ¿Quién le estaba hablando?

—Parcero, parcero…. Ya es hora de **irnos**.

Andrew **comenzó** a **volver** de un **sueño** muy **profundo**, era más como una **pesadilla**, dónde caminaba por la calle y toda la gente le daba un vaso de jugo de guayaba y él se lo tomaba.

—Andrew, parcero, ya son **casi** las seis de la tarde y te tengo que llevar a tu hotel. ¿No **crees** que tus amigos se van a **preocupar**?

Me perdí en Medellín

Andrew por fin abrió los ojos y lo miró, **todavía** estaba un poco **confundido**. Después de un par de segundos, finalmente, todo comenzó a **tomar sentido** y **supo** dónde estaba y quién era el chico que le decía *parcero*.

—Hola Andrés, ¿qué pasó? ¿Dónde estamos? —dijo Andrew confundido.

—En la casa de mis papás.

—¿Qué? ¿Todavía estamos en la casa de tus papás? ¿Por qué?

—Porque te dormiste en el sofá de la sala, después del almuerzo, mientras esperabas a que mi mamá te **trajera** el café. **Te hiciste una siesta larguísima**.

—¿Qué? ¿Me dormí?

—Te dormiste.

Adriana Ramírez

—¿Me dormí en la sala de la casa de tus papás? **Los acabo de conocer** y, ¿me dormí en la sala de su casa?

—Te dormiste.

—¿Y por qué no me despertaste?

—¿Cómo te iba a despertar si te estabas haciendo una siesta? Las siestas se respetan.

—¿Y tú qué hiciste?

—Me fui con mi mamá a comprar unas cosas para la cocina de mi nuevo apartamento.

—¿Qué? ¿Me **dejaste** sólo en la casa de tus papás, dormido en la sala?

—Sólo no estabas, aquí estaba mi papá.

—Caramba Andrés, ¡Cómo no me despiertas! **Me muero** de la **pena**. ¿Y esta **cobija**? ¿Quién me **puso** esta cobija? ¿Y qué es esta **servilleta** que está **mojada**?

Me perdí en Medellín

—Fui yo **mijo** —dijo el papá de Andrés mientras entraba en la sala—, no se **preocupe**. Yo lo vi durmiendo muy bueno y no quería que le diera frío, **así que** le puse esta cobija y le puse una servilleta debajo de la cara para las **babas**.

Andrew abrió los ojos.

—¿Babas? —dijo Andrew sorprendido.

—Babas —le confirmó su amigo Andrés.

—¿**Babeé**? —volvió a preguntar Andrew, porque no podía creer lo que le estaba pasando.

—Babeaste —le **reconfirmó** Andrés con mucha calma.

Andrew se cogió la cara con sus manos. No podía de la **vergüenza**.

—Lo siento señor.

—**No hay porqué** mijo. Esta es su casa. Aquí está como en familia.

Adriana Ramírez

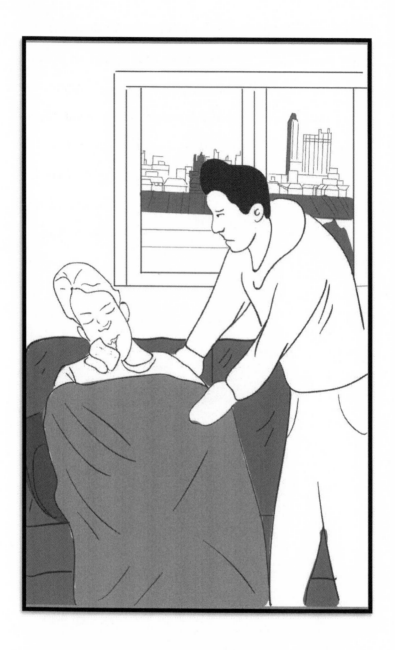

Me perdí en Medellín

A Andrew se le **llenó** el corazón de amor. Él no podía **creer** que **existiera** gente tan especial, amable, simpática y **desinteresada** en este mundo. Él no podía creer que aunque **apenas** los conocía, ellos lo **habían hecho sentir** como si se conocieran de toda la vida. Él no podía creer que lo hicieran sentir como en su casa, como si **fuera** parte de la familia. Él no podía creer lo **privilegiado** que **había sido** de **haber tenido** esta experiencia tan especial. Había conocido la cultura **desde adentro**, como un nativo de la ciudad.

Andrew se puso de pie, le dio la mano al papá de Andrés y unas palmaditas en la espalda.

—Gracias señor, muchas gracias.

Luego miró a Andrés y le dijo —¿Vamos?

—Vamos que te llevo a tu hotel.

Adriana Ramírez

Capítulo 7

¿Dónde estabas?

La casa de los papás de Andrés **quedaba** muy cerca del hotel de Andrew. En diez minutos llegaron. Inmediatamente llegaron al frente del hotel Andrew **se bajó** del carro.

—**Ya vengo**. Espérame que voy por el dinero que **te debo** —le dijo Andrew por la ventana desde **afuera** del carro.

—**Listo**, te espero aquí —le contestó Andrés mientras parqueaba el carro en uno de los **lugares** que había para **visitantes**.

Después de cinco minutos Andrew volvió a **aparecer** por la puerta del hotel y caminó hacia el carro.

—Mira, aquí está el dinero. Muchas gracias —le dijo mientras extendía su mano con unos **billetes**.

Andrés cogió los billetes y se bajó del carro.

—No hay problema parcero, para eso están los amigos —dijo Andrés mientras le daba la mano.

—Bueno, gracias por todo. Fue un día muy especial. Nunca me imaginé que **perderme** en Medellín iba a ser una experiencia tan buena. Conocí muchas personas especiales, fui a lugares interesantes y bebí mucho jugo de guayaba. Eso fue lo mejor —dijo Andrew mientras se reía **recordando** a la abuelita de su amigo—. Gracias por **mostrarme** el **mejor lado** de tu ciudad: su gente. Cuando quieras venir a visitarme a Canadá tienes las puertas abiertas.

—Gracias parcero. Fue un **placer** conocerte también. Nos estamos hablando por Facebook e Instagram. ¿Listo? —dijo Andrés mientras lo **añadía** a sus **redes sociales**.

—Listo.

—**Cualquier** cosa que necesites **estoy a la orden** —le dijo Andrés.

Adriana Ramírez

—Gracias.

Me perdí en Medellín

Los dos chicos se despidieron de mano, luego se abrazaron y se **dieron** unas palmaditas en la espalda. Ya Andrew sabía cómo se hacían las cosas. Era un experto.

Andrés **se montó** al carro y se fue.

Andrew volvió a entrar al hotel y subió a su habitación. Sus amigos no habían llegado. Eso era raro. Ya eran las seis y media de la tarde y llevaban todo el día afuera. Ya tenían que estar de vuelta en el hotel. Andrew decidió bajar a la recepción para preguntar si sabían algo de sus amigos.

—Buenas noches señora.

—Buenas noches señor. ¿Cómo puedo **ayudarlo**?

—¿Usted sabe algo de mis amigos? ¿Los de la habitación 220 y 224?

—¿Usted está con ellos?

—Sí, ¿Por qué?

—Porque ellos llegaron **hace** un par de horas preguntando por su amigo, me imagino que es usted, y al ver que no **había llegado**, decidieron ir a la estación de policía a **poner un denuncio** de desaparición.

—¿Qué? ¿Fueron a la policía? ¿Dónde?

—No está muy cerca. Tiene que ir en taxi, pero quién sabe si **todavía** estén allí. ¿Por qué no espera aquí abajo en el lobby mientras yo llamo a la estación de policía y pregunto? ¿Listo?

—Pienso que es una muy buena idea. Gracias —le dijo Andrew mientras caminaba hacia uno de los sofás del lobby. Estaba un poco **preocupado** por sus amigos. No quería que **sufrieran** por él. Sólo esperaba que llegaran rápido.

Después de unos minutos la recepcionista del hotel se le **acercó**.

—Señor, ya hablé con la estación de policía. Sus amigos ya no están allá. Salieron hace media hora.

—¿Y sabe qué pasó?

—Sí. Me explicaron que sus amigos estaban como locos.

—¡Ay no!

—Que estaban **desesperados** y que **gritaban** histéricos. Decían que usted se **había perdido** desde por la mañana, y que si no **había aparecido** a esta hora era porque le había pasado algo.

—¡Ay no! —le dijo Andrew nuevamente mientras se cogía la **cabeza** con sus manos.

—A los agentes de policía les **tomó** varios minutos para poder calmar a sus amigos, y que se sentaran y los **escucharan**.

—¿Y qué pasó finalmente?

Adriana Ramírez

—La policía les explicó que no podían hacer nada **hasta** que pasaran, al menos, cuarenta y ocho horas de usted estar perdido. Que hasta ese momento lo mejor era que ellos **volvieran** al hotel y **esperaran** a que usted **regresara**.

—¿Y por qué no **han llegado** si salieron hace media hora?

—No es muy cerca señor. Queda a treinta minutos en carro, pero **recuerde** que esta es la hora de más tráfico. De cinco de la tarde a ocho de la noche hay muchos carros en la calle y hay mucha congestión. Lo más probable es que estén **en camino**, en medio del tráfico.

—Los voy a esperar aquí abajo **entonces**. No puedo **subirme** a mi habitación solo sin tener con quien hablar.

—Pienso que es lo mejor. Aquí estamos **pendientes** todos. ¿Quiere un **agua aromática**? El agua aromática de **manzanilla** es **relajante**. ¿Le **traigo** una?

—Bueno, gracias. Es usted muy amable.

—**No hay de nada** señor.

Cuando Andrew se acababa de terminar su agua aromática, vio que un grupo de chicos se bajaba de un taxi. Estaban hablando muy fuerte. Andrew miró bien hacia afuera. Estaba oscuro y no era fácil distinguir las **siluetas** de las personas. Decidió **pararse** y salir del hotel para ver si eran sus amigos.

—¡Chicos! ¡Qué bueno verlos! —dijo Andrew mientras corría hacia ellos y los abrazaba. Él nunca abrazaba a sus amigos, pero hoy necesitaba hacerlo. Además, ¿cómo iba a expresarles su felicidad de verlos sino era **abrazándolos**? **Ya hasta parecía él paisa** también.

Adriana Ramírez

—Andrew, amigo…. ¿Qué pasó? ¿Dónde estabas? ¿Estás bien? ¿Te pasó algo malo? —le preguntaron sus amigos mientras lo miraban de arriba abajo, y se lo **quitaban** de **encima**. ¿Por qué los estaba abrazando? ¿Qué le pasaba?

—Sí, estoy bien. No se preocupen. Nunca **he estado** mejor —les contestó con una gran sonrisa. Había pasado un día muy especial y había conocido a gente muy especial.

—Pero ¿qué te pasó? —sus amigos no entendían qué le pasaba a Andrew. Estaba feliz, no estaba **angustiado**, ni preocupado, y los estaba abrazando. ¿Por qué los estaba abrazando?

—Me perdí en Medellín, parceros…. —les dijo Andrew mientras los volvía a abrazar y les daba unas palmaditas en la espalda—, tengo que **contarles** todo. Fue un día muy especial. ¿**Entramos**?

Adriana Ramírez

Vocabulario en orden alfabético

El vocabulario de este libro está organizado de manera alfabética, y no por capítulos, y las palabras y expresiones nuevas, que están incluidas en el vocabulario, están resaltadas en negrilla.

Muchas de las "palabras" del vocabulario, no son palabras en sí sino expresiones, y así están traducidas. En la mayoría de los casos no se usan traducciones literales, sino la expresión que sería equivalente en el inglés. También hay palabras que tienen varios significados, dependiendo como se usen, por lo tanto, y para efectos de facilitar la comprensión, la traducción que se encuentra en el vocabulario es la que ayuda a entender el mensaje del libro, sabiendo que hay otras posibilidades que no fueron incluidas.

a la vuelta de la esquina: around the corner

a pesar de que: even though

a pesar: despite

abrazándolos: hugging them

abrazándonos: hugging us

abrazo: hug

abrazó: hugged

acá: here

acaba de terminar: had just finished

acababa de conocer: had just met

acababa de: had just

acababan de: they had just

acabo de conocer: I have just met

acerca: about

acercaba: got closed

acercaron: they got closed

acercó: got close

acordaba: remembered

afuera: outside

agarró: grabbed

agua aromática: herbal tea

aguacate: avocado

alcanza: enough for

alegría: happiness

algo: something

alguien: someone

alguna: some

algunos: some

allá: there

almacenes: stores

amables: kind

amistad: friendship

angustiado: distressed

anillos: rings

animaba: encourage him

animadamente: lively

antigua: old

añadía: added

aparecer: appeared

apenas: barely

aquellos: those

aquí: here

arepa: corn tortilla

aretes: earrings

arreglara: would fix

arregle: fix

artesanías: crafts

ascensor: elevator

asegurarme: to make sure

así que: so

así: like that

atrás: back/behind

aunque: although

automáticamente: automatically

avisé: told her/let her know

ayudarlo: help you

ayudarlos: help them

babas: slobber

babeé: I drooled

bandeja: tray

bermudas: shorts

billetera: wallet

billetes: bills

bolsa: bag

bolsillo: pocket

brazo: arm

buenas: hello/good ones

cabeza: head

calentara: warm/heat up

cantidad: amount

cara: face

casarte: to get married

casi: almost

casi: almost

cercanía: closeness

claro: of course

cobija: blanket/cover

cobrarían: would charge/ask for money

codo: elbow

cogido: grabbed/took

cogiéndole: grabbing/taking

cogiéndonos: grabbing/taking each other

collares: necklaces

comenzó: begun

compartiendo valores: sharing values

compra: purchase

confiar: trust

confundido: confused

confundió: got confused

conocerte: to meet you

conozco: I know

constructivas: constructive

contarles: tell you

copa: glass

creación: creation

créeme: believe me

creer: to believe

crees: you believe

creía: he believed

cuaderno: notebook

cuadras: block

cualquier: any

cuánto llevan: how long have they been

cuerpo: body

culpa: guilty

dándonos: giving us

darme: give me

de ahí: from there

de pronto: suddenly

de repente: suddenly

de una: at once

deberíamos: we should

dedos: fingers

definitivamente: definitely

dejar: leave it

dejaste: left

delataba: reveal

demasiado: too (much)

demoramos: took time

demostramos: we show

derecha: right

desconocido: unknown/someone that you don't know

desde adentro: from inside

desde: since

desesperados: desperate

desinteresada: selfless

despedía: said good bye

diera: would give me

dieron: gave themselves

disfruta: enjoy

disfrutar: to enjoy

disfrutes: you enjoy

dulce: sweet

duro: hard

edificio: building

empezaba: began

empezó: began

en camino: on their way

en un abrir y cerrar de ojos: very fast/in the blink of an eye

encima: on top

entonces: then

entramos: let's get inside

entre dientes: between teeth

entre: between

entrevistar: interview

escandaliza: scandalizes

escucharan: would listen

espalda: back

esperaba: was hoping

espérame: wait for me

esperando: waiting

esperanza: hope

esperar: to wait (waiting)

esperaran: would wait

espero que: I hope that

espeso: thick/dense

estómago: stomach

estoy a la orden: I am here to help you

estresado: stressed

existiera: would exist

extranjero: foreigner

faltan: were lacking/missing/still to come

feria: fair

finca: farm

forma: way

forzado: forced

frijoles: beans

fuera: he was

gritaban: they yelled

guayaba: guava

haber tenido: had had

haberse comido: had eaten/eating

haberse terminado: had finished/finishing

había aparecido: had showed up

había aprendido: had learned

había estado: he had been

había llegado: had arrived

había perdido: had gotten lost

había probado: had tried

había querido: had wanted

había sido: had been

habían hecho sentir: had made him feel

habían prometido: had promised

hace: ago

hacer el oso: do something embarrassing

hacer el ridículo: do something embarrassing

hacer unas vueltas: run some errands

hacerle la visita: to visit (make a visit)

hacia: towards

hagamos: we do

han agotado: have run out

han llegado: have arrived

hasta: until

he estado: I have been

he preguntado: I have asked

hecha: made

hecho: made

hechos a manos: hand made

hemos vivido: we have lived

hermosa: beautiful

hombro: shoulder

iglesia: church

incluso: even

incluye: includes

irnos: to go

irregulares: irregular

jarra: jar

joyería artesanal: handmade jewelry

justo: just

ladrillo: brick

ladrón: thief

lágrimas: tears

larguísima: very long

le acababa: he had just

le daba la espalda: was giving his back to her

le daba miedo: he was afraid

le daba: gave him

le dejo: I give you (not literal)

le encimo: I will add/give you

le mandó: sent to you

le pegó: hit him

les debí de haber pedido: I should have asked

les gusté: I liked them

les llevo: I will bring to you

les presento: I introduce to you

levantándose: getting up

listo: ok

listo: ready

llenas: full

lleno: full

llenó: it filled

llevaba: was wearing

llevar: take me (there)

llevarle: take to her

lo cogió de gancho: grabbed him under his arm (it is an expression)

lo cuál: which

loma: hill

los acabo de conocer: I just met them

lugares: places

maíz: corn

malo: bad/wrong

mandó: sent

manera: way

manzanilla: chamomile

marcó: pressed/dialed

matar: to kill

matrimonio: wedding

me bajé: I got off

me conocen: know me

me encima: on top of that would you add

me hacen falta: I miss them

me muero: I die

me paré: I stood up

me regalas: (would) you give me

medias: socks

mejilla: cheek

mejilla: cheek

mejor lado: the best side

mejores: the best

mientras: while

mijitos: my dears (my little sons)

mijo: short for *mi hijo* (my son)

miren: look

mismo: same

mojada: wet

molestarlo: to bother you

molestia: hassle

montar: get on

morir: to die

mostraba: showed/was showing

mostrándole: showing him

mostrarme: show me

mudé: I moved

mudo: mute

mutuamente: mutually

nivel: level

no hay de nada: you're welcome

no hay porqué: It is ok/fine

no lo podía creer: he couldn't believe it

no me demoro: it won't be long

nos acabamos de conocer: we have just met

nos casemos: we get married

nos damos: we give each other

nos volvemos: we become

nuestro: our

ojo: watch out/be careful

olía: smelled

oye: listen

pagarle: to pay her

pagaron: they payed

pagas: you pay

pago: paid

país: country

paisa: someone from the Colombian coffee zone

palmada: slap

palmaditas: little slaps

para eso: for that

para poder: to be able to

paralicé: I paralyzed

paralizado: paralyzed

pararse: to get up

parcero: buddy (a way to call your friends)

parecía que: seemed that

parecía: it looked like/it seemed

parqueaba: was parking

parqueadero: parking

pasando: experimenting/living

pasar: cross

pasen pues: come on in

pasó: passed

pedimos: we ask

pedirían: would ask for

pediste: did you ask for

pena: shame

pendientes: paying attention

perderme: to get lost

perderse: to get lost

perdido: lost

pesadilla: nightmare

pintadas: painted

pintándolo: painting it

placer: pleasure

plátano maduro: ripe plantain

poder: power

poner atención: to pay attention

poner un denuncio: to make a complaint

por eso: that is why

potable: drinkable

precisamente: precisely

preguntas: questions

preocupado: worried

preocupes: worry

prestar: to lend

prestaste: you lend me

privilegiado: privileged

profundo: deep

pudiera: could

pues: well/so/…

pulseras: bracelets

puso: put

quedaba: was

quedó: was

quemado: burned

quitaban: took off

raro: weird

reafirmar: reaffirm

rebaja: discount

recibes: receive

recibieron: received/welcomed

recibir: receive/take

recién hechas: freshly made

recogerlos: pick them up

reconfirmó: reconfirmed

recordando: remembering

recuerde: remember

recuperarse: to recover

redes sociales: social media

regalados: were given as a gift

regálanos: give us (as a gift)

regalara: to give (as a gift) him

regalitos: little gifts

regalos: gifts

regatear: bargain

regresar: to return/get back

regresara: would come back

reírse: to laugh

relajado: relaxed

relajante: relaxing

relajarte: relax

resistente: resistant

riéndose: laughing

risa: laughter

robaron: got robbed

sacaba: was taking out

sacó: took out

sala: living room

saludaron: greeted

sangre: blood

sastre: tailor

se baja: you get off

se bajó: got off

se lleva: you carry it/have it

se montaban: got on

se montó: got on

se moría de la risa: was dying of laughter

se preocupó: got worried

se rio: he laughed

se secaba: was drying

se subieron: they got on

se veía: he looked

se volteaba: turned

se volteó: he turned

sea: would be

seguía: kept

seguramente: for sure

seguro: sure

seguro: sure

semilla: seed

sentado: seated

sentía: felt

señalaba: was showing

señalándole: pointing

señalándole: pointing at him/her

sería mejor: it would be better

sería: would be

servilleta: napkin

siéntense: you have a seat

significa: it means

siluetas: silhouettes

sino que: but it is

sobrinas: nieces

sola: lonely

sonrió: smiled

sonrisa: smiled

sorprendido: surprised

sube: goes up

subirme: to go upstairs

sueño: dream

suerte: luck

suficiente: enough

sufrieran: would worry/suffer

sumas: add

supo: he knew

tagua: strong seed used to make crafts

tan fuerte: so strong

tanta: so many

tanto: so much

tarjeta de crédito: credit card

tazas: cups

te advierto: I warn you

te debo: I owe you

te hiciste una siesta: you took a nap

te presto: I lend you

te pusiste: you became

tenía miedo: was afraid/scared

tenso: tense

terminaste: you finished

tienda: store/corner store/cafeteria

tinticos: small black coffees

típico: typical

tipo: type

todavía: still

toldos: booths

tomar sentido: make sense

tomar: to take (drink)

tómeselo: drink it

tomo: I take

tomó: took

traigo: I bring

trajera: would bring

tranquilo: calmed

tranquilo: don't worry

tratamos: we try

trato: deal/treatment

tristeza: sadness

tuyas: yours

último: last

una sonrisa de oreja a oreja: a smile from ear to ear (a big smile)

unas medidas: some measurements

uñas: nails

usted: you

vagones: wagons

valiosas: valuable

vasos: glasses

vayas: goin to

venga: come

verdad que sí: isn't it true

vergüenza: shame

verlas: see you

vino: wine

visitantes: visitors/guests

vista: view

vitrinas: shop windows

vive de camino: lives in the way

voltear: to turn

volver: to come back

volviera: come back

volvieran: would return

volvió: came back

voz baja: soft voice

voz: voice

vuelta: errand

vuelvo: I go back

ya hasta parecía él paisa: he even looked/behaved like a paisa

ya que: now that

ya vengo: I will be back in a minute

ya verás: you will see

yo lo llevo: I take you (I can take you/I will take you)

83830253R00054